Juan Ruiz de Alarcón

La culpa busca la pena y el agravio la venganza

Barcelona **2024**
Linkgua-ediciones.com

Créditos

Título original: La culpa busca la pena.

© 2024, Red ediciones S.L.

e-mail: info@linkgua.com

Diseño de cubierta: Michel Mallard.

ISBN tapa dura: 978-84-9953-673-6.
ISBN rústica: 978-84-9816-301-8.
ISBN ebook: 978-84-9897-927-5.

Sumario

Brevísima presentación

La vida

Juan Ruiz de Alarcón y Mendoza (1581-1639). México.

Nació en México y vivió gran parte de su vida en España. Era hijo de Pedro Ruiz de Alarcón y Leonor de Mendoza, ambos con antepasados de la nobleza. Estudió abogacía en la Real y Pontificia Universidad de la Ciudad de México y a comienzos del siglo XVII viajó a España donde obtuvo el título de bachiller de cánones en la Universidad de Salamanca. Ejerció como abogado en Sevilla (1606) y regresó a México a terminar sus estudios de leyes en 1608.

En 1614 volvió otra vez a España y trabajó como relator del Consejo de Indias. Era deforme (jorobado de pecho y espalda) por lo que fue objeto de numerosas burlas de escritores contemporáneos como Francisco de Quevedo, que lo llamaba «corcovilla», Félix Lope de Vega y Pedro Calderón de la Barca.

Personajes

Don Antonio, viejo anciano
Don Diego, viejo entrecano
Don Fernando, galán
Don Juan, galán
Don Sebastián, galán
Doña Ana, dama
Inés, criada
Doña Lucrecia, dama
Juana, su criada
Motín, gracioso
Un Criado

Jornada primera

(Salen doña Lucrecia y Juana, con mantos; doña Ana e Inés, de casa.)

Ana   Pues que tus plantas hermosas
honran, Lucrecia, esta casa,
o gran desdicha te mueve,
o gran ventura me aguarda.
Si esto supiera mi hermano,
para abreviar las jornadas,
alas fueran las espuelas,
y pensamientos las alas.

Lucrecia   ¡Ojalá, doña Ana mía,
que de esto fuese la causa
o ya tu ventura sola,
o ya sola mi desgracia!
Disgustos dan ocasión
a mi forzosa demanda,
que son en mí ejecuciones,
y que en sí son amenazas.

Ana   Declárate, si no quieres
que me mate en la tardanza,
tu pena y mi confusión.

Lucrecia   Escucha, y preven, doña Ana,
perdon a mis sentimientos,
si no piedad a mis ansias;
que para romper la nema
de los secretos del alma,
Da mi peligro disculpa,
y tu valor confianza.
Tres veces la sierra el mayo
ha calzado de esmeraldas,

y tres veces el enero
la ha coronado de plata
después que de mis favores
sediento don Juan de Lara,
bebiendo su llanto mismo,
ha mitigado sus llamas,
hasta que al fin su cuidado
vigilante, su constancia
invencible y su asistencia
ocasión ya de mi infamia,
merecieron mi piedad;
que una breve gota de agua,
repitiendo el golpe leve,
la más dura peña labra.
Llegaron a obligaciones
mis favores... de palabras,
digo; que nunca a las obras
se arrojó mi confianza;
que no admite galanteo
la que tiene sangre hidalga,
sino para dar la mano
a quien su favor alcanza;
y así, como a ser su esposa
mi pensamiento aspiraba,
obligarle quise amante,
no recatarle liviana.
Es verdad que aunque las prendaa
que puse en su amor más caras
fueron honestos favores
y lícitas esperanzas,
mis cuidados y los suyos
las hicieron de importancia;
que de hablar a su albedrío
dieron motivo a la fama.

De este venturoso estado
seguro el amor gozaba,
cuando entre sombras oscuras
y entre conjeturas claras,
en su tibieza empecé
a conocer su mudanza;
y viendo que yo no había
dado a su rigor la causa,
pues le obligaba constante
cuando él mudable me agravia,
imaginé que la luz
de otra beldad le cegaba;
que nacen los celos cuando
nacen las desconfianzas.
Y así con esta sospecha,
pretendiendo averiguarla,
centinelas puse ocultas
a sus ojos y a sus plantas.
Supe que ellas te seguían,
supe que ellos te miraban,
que tus balcones contempla,
que tus puertas idolatra.
¡Ay de mí! No sé si diga
que supe también, doña Ana,
que merece tus oídos,
y tus favores alcanza...
No lo digo, no lo creo;
que fuera ofender a entrambas.
A mí, porque si viviera
creyéndolo, fuera infamia,
y a ti por haber tan poco
que aumentó a las lusitanas
corrientes del Tejo el llanto
de verte ausente las aguas.

Que cuando apenas los nombres
de las calles cortesanas
puedes saber, cuanto más
las noblezas de sus casas,
te ofendiera si creyese
que tan fácil confiabas,
a crédito de los ojos,
obligaciones del alma.
Mas porque haber yo estimado
su pensamiento es probanza
de sus méritos contigo,
el veneno y la triaca
te doy juntos, pues te enseño,
porque pises recatada,
entre las flores el áspid
de su condición ingrata.
Y así por lo que te toca,
te estará mejor, doña Ana,
escarmentar advertida,
que advertir escarmentada.
Por lo que toca a don Juan,
será en ti más digna hazaña
dar castigo a sus engaños
que premio a sus esperanzas;
y por lo que toca a mí,
te mostrarás más humana
que en hacerle venturoso,
en no hacerme desdichada.
Tres años ha que me obliga,
dos meses ha que me agravia,
dos meses ha que te sirve,
tres años ha que me infama.
Piensa, pues eres discreta,
mira, pues naciste honrada,

de mi opinión el peligro,
de mi razón la ventaja,
el despecho de mi agravio,
el exceso de mis ansias,
la locura de mi amor,
y de mis celos la rabia.

Ana (Aparte.)   (Si dice verdad Lucrecia,
la razón que tiene es clara,
y de que dice verdad
este exceso es la probanza;
y no es bien, pues yo no estoy
de don Juan enamorada
sino solo agradecida,
que marchite la esperanza
de quien se abrasa por él,
por quien a mi no me abrasa,
ni que mi amante se nombre
el que otra mujer engaña.)
En cuanto a amarme don Juan,
no mienten tus asechanzas,
Lucrecia; en cuanto a que yo
le favorezco, te engañan.
Y aunque lo pudiera hacer
y con disculpa, en venganza
de que a mi hermano desdeñas,
esto imagino que basta
a que de mí te asegures;
que no es tan poca arrogancia
la de los méritos míos,
que a un amante en quien se hallan
achaques de amor ajeno,
condiciones de mudanza
y olvido de obligaciones,

le dé lugar en el alma.

Lucrecia   Deja que por tal merced
besen mis labios tus plantas.

Ana   Deja tú excesos; que hacer
yo lo que estoy obligada,
ni es merced para contigo,
ni es para conmigo hazaña.

Lucrecia   Por hazaña y por merced
la estimo yo. Solo falta
suplicarte que le calles,
amiga, a don Juan de Lara
esta diligencia mía;
que si con desdén le tratas,
y sospecha que soy yo
de su desdicha la causa,
mal obligaré ofendido
al que obligado me agravia.

Ana   Mi presunción desconoces,
pues el silencio me encargas.
Para que le calle yo
tu diligencia, ¿no basta
temer, si se la dijera,
que don Juan imaginara
que lo que es desdén son celos,
y lo que es rigor venganza,
y juzgándome celosa,
me juzgase enamorada?
No, Lucrecia, no; que somos
las portuguesas muy vanas;
y, iojalá que las mujeres

todas en esto pecaran!
Pues cuanto más vanas fueran,
tanto fueran más honradas.

(Doña Lucrecia habla aparte a Inés.)

Lucrecia   ¿Entiendes que cumplirá
                    lo que promete doña Ana?

Inés   O tendrá un fiscal en mí;
                    que no puedo ser ingrata
                    a la afición de Lucrecia
                    y al pan que comí en su casa.

(Sale un Criado.)

Criado   Don Fernando mi señor
                    ha llegado.

(Vase el Criado.)

Lucrecia   ¡Ay desdichada!
                    Por dónde, sin que me vea,
                    podré salir?

Ana   En las casas
                    de mujeres como yo,
                    Lucrecia, no hay puerta falsa;
                    mas ¿qué importa que te vea
                    mi hermano? ¿Qué te recatas?

Lucrecia   ¿Para qué es bueno ponerme,
                    si mis desdenes le agravian,
                    a lance de acrecentar

mis rigores y sus ansias?
Y, ¿qué puedo parecer,
viniendo a pie y disfrazada
donde vive quien amante
de mis prendas se declara?

Ana   Dices bien. Tapao las dos;
que yo haré cómo te vayas
sin conocerte, si acaso
la nube del manto basta
a eclipsar el resplandor
de los rayos de tu cara.

(Salen don Sebastián y don Fernando de camino.)

Fernando   Dame, doña Ana querida,
los brazos.

Ana   Pues que te veo,
no pide ya mi deseo
más términos a la vida.

Fernando   Otro hermano tienes más
—pues es otro yo mi amigo—
en el señor don Rodrigo
de Ribera.

Ana   Pues le das
nombre de amigo y hermano,
esa recomendación
le dice mi obligación,
y me enseña lo que gano.

Sebastián   Nombre de esclavo me dad;

que es deuda en mí conocida,
si a quien se debe la vida
se rinde la libertad.
   Y yo al señor don Fernando
no solo debo el tenella,
mas el merecer con ella
la dicha que estoy gozando.

(Aparte.)
   (Si es dicha acaso que vea
beldad cuya perfección
atormenta el corazón,
si los ojos lisonjea.)

Juana
   ¿Qué aguardas, señora, aquí?
Vámonos.

Lucrecia
   Adiós, doña Ana.

Ana
Id con Dios.

(Vanse doña Lucrecia y Juana.)

Fernando
   ¿Quién es, hermana?

Ana
Una dama que de ti,
   para cierta diligencia
que en Sevilla le importaba,
pretendió, porque pensaba
que durara más tu ausencia,
   valerse, y desengañada
se parte.

Fernando
   ¡Qué airosa es!
El viento huellan sus pies.

Sebastián	Flechas despide tapada, que descubierta serán Rayos.
Ana (Aparte.)	(¡Estando yo aquí Habla este grosero así! Menos tiene de galán en el alma que en el talle.)

(Sale Motín, de camino.)

Sebastián	¿Que hay, Motín?
Motín	Que hallé posada, y la dejo concertada.
Sebastián	¿Dónde?
Motín	En esta misma calle; tan cerca, que una pared de esta casa la divide.
Sebastián (Aparte.)	(Albricias al alma pide.)
Fernando	Mucho me huelgo, y creed que el aposento os hiciera en mi casa, confiado, si de doña Ana el estado, Rodrigo, lo permitiera.
Sebastián	No me deis satisfacciones, cuando ya de esta verdad me ha dado vuestra amistad mayores demostraciones.

Fernando	Vamos pues.
Sebastián	¿Adónde vais?
Fernando	Quiero ver si es la posada para vos acomodada.
Sebastián	De mil modos me obligáis.

(Míranse mucho don Sebastián y doña Ana.)

Hermosa doña Ana, adiós.

Ana	Él os guarde.
Motín	(¡Pese a tal! O yo lo he mirado mal, o se miran bien los dos.)

(Vanse don Sebastián, don Fernando y Motín.)

Inés	Cierto, señora, que temo tu salud.
Ana	¿Por qué ocasión?
Inés	Con tan curiosa atención y tan cuidadoso extremo te ha mirado el forastero, que si no quedas aojada, tienes la sangre pesada.
Ana	Antes, Inés, considero

que, pues no me ha hecho mal,
no le he parecido bien.

Inés   No es tan atento el desdén,
Que con suspensión igual
  se mire lo que no agrada.

Ana   Pues ¿qué quieres? ¿Que de mí
esté enamorado?

Inés   Sí.

Ana   ¡Tan presto!

Inés   Cuando mirada
 la hermosura ha de matar,
muy fácil es de inferir
que no tardará en herir
más que se tarda en mirar.

Ana   ¿Que en efecto me ha mirado
tan cuidadoso y suspenso?

Inés   Mucho lo preguntas. Pienso
que de ello no te ha pesado.

Ana   Pues dime tú, ¿a quién le pesa
de que la quieran?

Inés   A quien
inclina tanto al desdén
la arrogancia portuguesa.

Ana   Dices verdad; pero, Inés,

si de arrogante le infaman,
advertid que también llaman
derretido al portugués.

   Dame que el dorado arpón
de Amor hiera al pensamiento
y verás que es rendimiento,
cuanto ha sido presunción.

Inés
      ¿Ves, señora, cómo tienes
principio de amor?

Ana
             ¡De amor!

Inés
Sí; que temes el error
pues la disculpa previenes.

Ana
   Y yo también lo presumo.
Centellas del niño ciego
tengo en el alma, si el fuego
se conoce por el humo.

Inés
   Dime, ¿por qué lo sospechas?

Ana
Cuando a Lucrecia decía
que descubierta daría
rayos, y tapada flechas,
   un envidioso dolor
en el corazón, Inés,
me causó, y la envidia es
humo del fuego de amor.
   Y si la verdad te digo,
la inclinación me ha llevado;
pero como no me ha dado
hasta agora don Rodrigo

de sí más información
de la que la vista ofrece,
dudando si me merece,
reprimo la inclinación.

Inés   Si de lo que has visto estás
contenta, dudas en vano,
pues abona el ser tu hermano
tan su amigo lo demás.

Ana   Bien dices.

Inés   Si digo bien,
¿Qué falta ya?

Ana   Que conmigo
se declare don Rodrigo.

Inés   Yo lo trataré tan bien,
que puedas tú declararte.

Ana   Harélo si me merece.
Mas ¿sabes que me parece
que estás mucho de su parte?

Inés   Que estoy muy contra don Juan
dirás; que como desprecia
tan sin razón a Lucrecia,
pena sus penas me dan;
que me pone en tanto empeño,
demás de que la he servido,
porque mi tercera ha sido
para tenerte por dueño;
y me holgaré de que él halle

en tu rigor su castigo.

Ana

Yo pienso que don Rodrigo
ha venido a castigalle.

(Vanse las dos. Salen don Sebastián, don diego, Motín y criados.)

Sebastián

Señor don Diego de Mendoza, a solas
quedemos; que en secreto importa hablaros.

Diego

Despejad.

(Vanse los criados.)

Sebastián

Cesen ya las altas olas,
y muéstrense de luz menos avaros
los cielos a la noche tenebrosa
de confusión tan larga y tan penosa
que ciego y triste contraopuestos polos
me obligó a discurrir.

Diego

Ya estamos solos.

Sebastián

Yo, señor, soy don Sebastián de Sosa.
Don Antonio de Sosa, vuestro amigo,
me dio el ser y la sangre generosa
de cuya calidad sois vos testigo.

Diego

Bien venido seáis. Dadme los brazos
antes que prosigáis.

Sebastián

Estos abrazos
son el primer alivio que he tenido
en cuanto mar y tierra he discurrido.

Diego	¡Gracias a Dios que con salud os veo!
	Decid ya lo demás; yo lo deseo.

Sebastián	Quince veces la hermosa primavera
	ha dado alfombras fértiles a Flora
	después, señor, que yo de la ribera
	del lusitano piélago, en la aurora
	de mi edad, a las indias orientales
	partí a buscar el rostro a la Fortuna,
	llevando para asilo de mis males
	al que del Sol de España iba a ser Luna
	en aquella región; que fui en mi casa
	hijo tercero, y la porción escasa
	que de los bienes libres paternales
	esperaba heredar, no me podía
	sustentar con el lustre que pedía
	la presunción de pechos principales.
	Allí pues en tres lustros de mi vida
	me dieron, ya la paz y ya la guerra,
	tan claro nombre, hacienda tan lucida
	que en la ajena olvidé mi propia tierra,
	cuando una carta de mi padre —¡ay cielos!—
	cubrió tan clara luz de oscuros velos.
	Mándame que al momento
	me parta a España, y que venir procura
	desconocido, para que asegure
	la honrosa ejecución de cierto intento
	y que él me aguarda oculto en esta corte,
	donde vos solo habéis de ser el norte
	por quien he de buscar, de vos fiado,
	el lugar donde vive retirado.
	Éstas fueron, en suma,
	las preñadas razones que su pluma,

para causarme tenebrosa calma,
pintó a los ojos y esculpió en el alma.
Al fin, o la obediencia del preceto,
o la curiosidad de este secreto,
me sacó de las playas orientales,
y en una de dos máquinas navales,
movibles promontorios, que de Goa
los tesoros conducen a Lisboa,
del mar penetro climas dilatados
para ponerles fin a mis cuidados.
Y un día, al correr su pabellón la aurora,
que alegra a luces cuando a perlas llora,
desde el tope, que sube
a barrenar la más distante nube,
un marinero experto:
«¡Tierra, tierra!» en alegres voces dice;
y a poco espacio el lusitano puerto
felice vio quien le buscó felice;
que yo, fletando un barco que ligero
a recibirnos se engolfó primero,
solo me arrojo en él, y el horizonte
de Portugal discurro hasta Ayamonte,
donde ya libre de que me pudiera
ninguno conocer, mi nombre dejo
por el de don Diego de Ribera,
y parto a la ciudad a quien da espejo
el Betis de cristal, y allí en diez días
para Madrid dispuse mi jornada,
donde ya en vos las desventuras mías
gran parte ven de mi intención lograda,
puesto que vivo y con salud os veo,
y agora solo resta a mi deseo
saber, si ya la tierra no sepulta
a mi padre, el lugar en que se oculta,

para que tenga fin este cuidado
que tan largas fatigas me ha costado.

Diego Quietad el pecho. Vuestro padre vive,
y aunque en Madrid ha estado,
lugar por su grandeza acomodado
para que en él se oculte quien recibe
de la Fortuna injurias.
Dos meses solamente
habrá, don Sebastián, que un accidente
le obligó a retirarse a las Asturias,
donde, mudado el nombre, de este día
la luz dichosa espera.
Vos no hagáis novedad; que mensajera
será una carta mía,
más breve y más segura,
de la llegada vuestra y su ventura.

Sebastián ¿No es más razón que yo a buscarle parta?

Diego Que en Madrid le esperéis, y yo por carta
le avise, el orden fue, si ha de cumplirse,
que me dio vuestro padre al despedirse.

Sebastián Fuerza es que le obedezca;
mas vos, don Diego, porque no padezca
mi pecho confusión tan congojosa
si la sabéis acaso, de su intento
la causa me decid.

Diego Su pensamiento
ignoro; pero siendo tan penosa
la ocasión y tan grave
que a don Antonio a lo que veis obliga,

fuera de él no es razón que otro os la diga,
pues que será deciros que la sabe;
porque ni aun vuestro padre, si pudiera
excusallo, era bien que la dijera.

(Vase don Diego.)

Sebastián
¡Válgame Dios! Cuando entendí que había
llegado al puerto la desdicha mía,
la tempestad parece que comienza.
¡Don Diego de Mendoza se avergüenza
de referirme la ocasión! ¿Qué dudo?
Con no decirla dijo cuanto pudo.
¡Mi padre vive oculto y desterrado
de su patria, con nombre disfrazado!
Infame es la ocasión, la causa es fea.
Mas, ¿qué me aflijo? Lo que fuere sea;
que pues para el remedio me ha llamado,
posible lo imagina, y ya he llegado,
y yo de cualquier modo
tengo valor para salir con todo.

(Vase.)

(Salen don Fernando, encontrándose con don Sebastián.)

Fernando
        Don Rodrigo.

Sebastián
                        ¿Qué hay, amigo?

Fernando
    Apenas llegado habéis
    a Madrid, cuando ya hacéis
    visitas que son conmigo
        por dos partes ocasión

de celos.

Sebastián   Mucho sintiera
que mi amistad no os cumpliera
en todo su obligación.
   Decid, pues, cómo os he dado
los celos que habéis tenido
para que enmiende advertido
lo que ignorante he pecado.

Fernando   Bien decís; que no es razón
que os recate, don Rodrigo,
siendo mi mayor amigo,
la llave del corazón.
   De don Diego de Mendoza
es esta casa de donde
salís, que es nube que esconde
el rayo o cielo que goza
   en su bija, una deidad,
vida y muerte de mi amor,
pues me mata su rigor,
y me anima su beldad.
   Celos me dais por amigo,
si a don Diego visitastes,
pues lo que con él hablastes
no habéis tratado conmigo;
   y si a Lucrecia, ignorante
de mi afición, visitáis,
aunque mi amigo seáis,
me dais celos por amante.

Sebastián   Fernando, ni en la amistad
ni en el amor os ofendo;
que ni a Lucrecia pretendo,

ni tuve de su beldad
   jamás otra relación
que la que me dais aquí;
mas aunque a su padre vi
sin daros cuenta, no son
   vuestras quejas bien fundadas,
que no obligó el comenzar
vuestra amistad a acabar
correspondencias pasadas.

(Vase don Fernando.)

Sebastián   ¡Ah cielos! ¡Si yo la mano
de doña Ana mereciese
en premio de que la diese
doña Lucrecia a su hermano!
   Mas, ¿cómo en el triste estado
de mi opinión recelosa,
tu beldad, doña Ana hermosa,
lisonjea mi cuidado?
   ¡Ay de mí! Que en la memoria
de las deudas de mi honor,
huye la dicha de amor,
y desvanece la gloria;
   como el pintado pavón,
que por más que haciendo en torno
con la pompa de su adorno
arrogante ostentación,
   de hermoso y galán presuma,
pierde marchito después,
en la fealdad de los pies,
la vanidad de la pluma.

(Vase. Salen doña Ana e Inés a una reja baja, después Motín.)

Ana	Pues Motín está en la calle, háblale agora.
Inés	Detrás de la ventana podrás, sin que él lo entienda, escuchalle.
Ana	Infórmate con cautela de todo.
Inés	Pierde cuidado.

(Ocúltase doña Ana, y sale Motín.)

Motín (Aparte.)	(¡Que haya de ser un criado, por su dueño, centinela de su dama noche y día! ¡Y que una escasa ración incluya en su obligación también la alcahuetería!)
Inés	Motín...
Motín	¿Quién llama?
Inés	Yo soy.
Motín	¿Cómo, Inés, soy tan dichoso, que me llamas?
Inés	Vite ocioso, y porque también lo estoy, quise entretener así

a los dos.

Motín   Merced me has hecho;
que me fastidian el pecho
algunas cosas que vi,
   como soy recién venido
a Madrid, que si no hallara
con quien de ellas murmurara,
me muriera de podrido.

Inés   Di pues, descansa.

Motín   Un mozuelo,
buido de pies, que andando
va cada momento dando
de puntillazos al suelo,
   ¿qué significa?

Inés   Que como
es puntiagudo el zapato,
no entra bien.

Motín   Pues ¿más barato
no fuera calzarle romo?
   Y algunos que braceando
con la mano acucharada,
la manga desabrochada
y sin puños, le va dando
   en los dedos el aforro.
¿Es gala o hipocresía?
¿Es aliño o porquería?
¿Es descuido o es ahorro?
   ¿O presumen por ventura
de manos, y hacen con esto

que junto al color opuesto
parezca más la blancura?
　　Y el que levanta igualmente
por los dos lados el ala
del sombrero, y por gran gala
lleva un candil en la frente,
　　dime, ¿en qué puede fundarse?
¿Y en qué se funda un galán,
que vistiendo tafetán
en julio, por no abrasarse,
　　embute de estofa vana
jubón y calzón? Querría
saber si la seda enfría
más que calienta la lana.
　　Y el escolar que camina
con un matachín meneo,
y hecho un rollo del manteo,
se le encaja en la pretina.
　　¿A quién no le causa risa?
¿Y un paje que, si reparas,
Mide las ligas a varas,
y a pulgadas la camisa?

Inés　　　　　　　Y tú, pues en eso tocas,
　　　　　　　¿cuántas tienes?

Motín　　　　　　　　　　　Tengo, Inés,
　　　　　Si verdad te digo, tres.

Inés　　　　Pues ¿cómo tiene tan pocas
　　　　　quien de las Indias llegó
　　　　un mes ha?

Motín　　　　　　Engañada estás;

qué no he fiado jamás
al agua la vida yo.

Inés
     Pues, ¿cuándo entraste a servir
a don Rodrigo?

Motín
           Después
que señalaron sus pies
la orilla a Guadalquivir.

Inés
     Según eso, no sabrás
su calidad.

Motín
         Solo sé
que en sus acciones se ve
que ninguno tiene más.

Inés
     Y di, ¿qué finezas fueron,
las que hicieron tan amigo
de Fernando a don Rodrigo?

Motín
En Sevilla concurrieron
  en una posada un día
los dos, y en viéndose en ella,
halló en cada cual su estrella
lo que llaman simpatía.

Inés
     ¿Simpa... qué?

Motín
             Conformidad,
rabiando a lo castellano.
Pues como abrasa el verano
el Sol aquella ciudad,
  fuimos una noche al río

los tres; siendo el primero
en desnudarse ligero
mi señor, al cristal frío,
   sin prevenir los azares
de su hondura, se arrojó;
que sin duda imaginó
que se echaba en Manzanares.
   Despojábase espacioso
la ropilla don Fernando
por no acatarrarse, cuando
a mi dueño, congojoso,
   en un mal formado acento,
que gorgoritas hacía,
escuchamos que decía:
«¡Que me ahogo!» Y al momento
   al peligro se arrojó
animoso don Fernando,
medio vestido, y nadando,
a la orilla le sacó.

Inés   Y tú, ¿no le socorriste?
              ¿No sabes nadar?

Motín   Sí, sé,
              mas del refrán me acordé.

Inés   ¿De qué refrán?

Motín   ¿Nunca oíste
                 decir que el buen nadador
              guarda la ropa?

Inés   Si oí.

Motín	Pues yo, que lo soy, allí
	la guardaba a mi señor.
	Demás que era desatino
	entregarme al agua, á quien
	jamás he querido bien.
	Si el Betis fuera de vino,
	don Rodrigo paseara
	seguro su centro frío.
Inés	¿Cómo?
Motín	Sorbiérame el río,
	y él en seco se quedara.
	En esta hazaña se funda,
	pues, la amistad que nació
	en los dos, a que añadió
	nuevos lazos la segunda.
	A la posada venía
	una noche don Rodrigo
	muy tarde, solo conmigo;
	y cuando llamar quería
	a la puerta, acometieron
	a matarnos con montantes
	cuatro feroces gigantes.
Inés	¡Tan grandes te parecieron?
Motín	Pues piensa que me limito,
	que en ellos fuera una espada
	hasta el recazo envainada
	picadura de mosquito.
	Y así, valiéndome, como
	en la ventajosa lid
	del gigante hizo David,

de otras armas, quité el pomo
   a mi espada, y de una liga
hice una honda, y tiré
al uno, y le reventé
un ojo; y con la fatiga
   cayó el Polifemo, dando
Tal golpe, que estremeció
la ciudad, y despertó
el estruendo a don Fernando,
   que asomándose a un balcón,
y viendo que don Rodrigo,
su camarada y amigo,
estaba en tal aflicción,
   a la calle se arrojó
con una espada, en camisa,
y a los gigantes tal prisa
de cuchilladas les dio,
   que todos en un momento
se desparecieron como
humo al viento.

Inés   ¿Y el del pomo?

Motín   Huyó también tan sin tiento,
   como en lo tuerto no estaba
ducho, que la calle errando
y en las casas tropezando,
como bolas las birlaba.

Inés   ¡Gran ventura! Mas querría
saber de dónde contigo
esa noche don Rodrigo
tan a deshora venía;
   porque de esto y de intentar

darle muerte esa cuadrilla,
colijo yo que en Sevilla
se debió de enamorar.

(Doña Ana aparte al paño.)

Ana (Aparte.)   (Sutilmente ha rodeado
                       la plática a mi intención.)

Motín   Yo pienso que la ocasión,
                       Inés, de haberle intentado
                         matar, fue para quitarle
                       un diamante que traía
                       en el dedo, que podía
                       el mismo Sol codiciarle;
                         que allí no galanteaba;
                       antes, según lo que agora
                       a tu hermoso dueño adora,
                       y a Madrid apresuraba,
                         logrando instantes del día,
                       su jornada, he sospechado
                       que estaba allá enamorado
                       de doña Ana en profecía.

Ana (Aparte.)   (¡Vitoria, amor!)

Motín (Aparte.)   (De un chapín
                       tras de la ventana brilla,
                       o me engaño, una virilla.
                       ¿Si escucha doña Ana?)

Inés   Al fin,
                       ¿la tiene amor?

(Habla doña Ana aparte a Inés.)

Ana   Tiempo es
                    de declararte.

Motín (Aparte.)   (¿Qué he visto?
                    del pie le ha dado. ¡Por Cristo
                    que juega con ganso Inés.)
                        Toda la noche se queja,
                    y suspira tan sentido,
                    que el huésped le ha despedido
                    porque dormir no le deja.

Inés   Pues pide para los dos
                    albricias a don Rodrigo;
                    que su amor —yo soy testigo—
                    de que es pagado; y adiós.

(Retíranse las dos.)

Motín   ¡Hay tal dicha! Cierto es
                    que doña Ana lo ha escuchado,
                    y fue entre los dos tratado
                    cuanto aquí me ha dicho Inés.

(Sale don Sebastián.)

Sebastián   Motín...

Motín   Señor, mi deseo,
                    Te llamó; que en este instante
                    me ha dicho Inés que es tu amante
                    doña Ana.

| Sebastián | ¡Oh cielos! No creo |
| | tanta ventura. |

Motín	Yo sí;
	que lo que a Inés escuché,
	orden de doña Ana fue.

| Sebastián | Pues, ¿cómo? |

Motín	Hablando de ti
	desde la reja a la calle,
	donde yo estaba en espía,
	después que gastado había
	gran prosa en exagateralle
	tu ciego amor, vi que Inés
	un poco se suspendió,
	y que la atención pasó
	de los ojos a los pies.
	Penetré la celosía,
	aplicando un poco más
	la vista, y vi que detrás
	de la ventana lucía
	una virilla, chismosa
	de su dueño y de su intento,
	que dijo a mi pensamiento
	que era de doña Ana hermosa.
	Disimulé, y luego vi
	que despidió la virilla
	una breve zapatilla,
	así flamante y así
	ajustada, que pensé,
	viendo que nada injuriaba
	su primer facción, que estaba
	en la horma, y no en el pie.

Mas desengañóme luego
una rosa o una estrella,
que después que llegó a vella
el Amor le pintan ciego,
    que en puntillas tan brillantes
y cándidas se remata,
que si no es globo de plata,
es erizo de diamantes.
    Salió pues, señor, el pie,
si recatado, lascivo,
que tiene más de atractivo
cuando se ve y no se ve;
    y tocó á Inés. Yo creí
que tocaba a retirar,
y no fue sino tocar
a declararse; y así
    me dijo: «Para los dos
pide albricias a Rodrigo;
que su amor, yo soy testigo,
de que es pagado; y adiós».

Sebastián   ¿Es posible que ha tenido
tan dichoso fin mi pena?
Dale a Inés esta cadena,
(Dale una.)   Y tú, ponte aquel vestido
    que estrené cuando partí
de Guadalquivir.

Motín (Aparte.)   (Dio fuego.)

Sebastián   ¿Que a ser tan dichoso llego?
¿Que tanto bien merecí?
    Pues que doña Ana me adora
vengan penas, vengan males;

40

| | que si antes eran mortales, |
| | serán medianas agora. |

Motín
          Pues, ¿podrás estar quejoso
de las nuevas que te he dado?

Sebastián
    Mas que cuerdo desdichado,
quiero ser loco dichoso.

(Vanse. Salen don Juan y doña Ana.)

Ana
        Señor don Juan, por mi vida
que os vais.

Juan
            Señora, ¿qué es esto?
¿Vos me despedís tan presto?
A darle la bienvenida
   vengo, por nuestra amistad,
a vuestro hermano; y así,
ni le hará el hallarme aquí
sospecha ni novedad,
   si vos conmigo la hacéis
por eso.

Ana
      De porfiado
estáis ya, don Juan, cansado.

Juan
¡Ay de mí! ¡Ya os ofendéis
   de verme! Ya vuestros ojos,
de quien luces merecí
de favores, contra mí
fulminan rayos de enojos!
   ¿En que os ofendí, señora?

Ana	En nada.
Juan	Pues, ¿qué mudanza es ésta que mi esperanza condena sin culpa agora?
Ana	Mudanza.
Juan	¿Puédela hacer sin causa quien su favor ha empeñado?
Ana	Es loco Amor.
Juan	¿No sois noble?
Ana	Soy mujer.

(Salen don Sebastián y Motín, que se quedan acechando a doña Ana y don Juan, hablan los dos aparte.)

Sebastián	¿Qué estoy viendo?
Motín	El galán es que te da cuidado.
Sebastián	¡Ah, cielos! Ya son agravios mis celos.
Motín	¿Doyle la cadena a Inés?
Sebastián	Necio estás.
Juan	Solo de vos

	saber la ocasión querría
	de mi mal, doña Ana mía.
Motín	¡Mía dijo, vive Dios!
Sebastián	Oye.
Ana	Don Juan, idos ya;
	que no os la quiero decir.
Juan	Ni yo de aquí he de salir.
Ana	Entraréme yo.
Juan	Será

(Quiere irse, y tiénela.)

	obligarme a ser grosero.
Ana	Soltad. ¿Qué es esto, atrevido?
Sebastián (Aparte.)	(Sin darme por entendido
	del caso, estorbarle quiero.)
(Adelántase.)	¿Está el señor don Fernando
	en casa?
Juan (Aparte.)	(¿Hay licencia igual?)
Ana (Aparte.)	(¡Que sucedió al fin el mal
	que yo estaba recelando!)
Juan	¿Quién es? ¿Quién de esta manera,
	donde yo en visita estoy,

Sin avisar entra?

Sebastián   Soy
don Rodrigo de Ribera,
  y soy, porque soy su amigo,
don Fernando Vasconcelos.
Pero vos, ¿quién sois?

Ana (Aparte.)   (De celos
da sospechas don Rodrigo,
  y antes que se empeñe, quiero
estorbarle.) Si le halláis
conmigo, ¿qué preguntáis?
Amigo es tan verdadero
  el señor don Juan de Lara
como vos de don Fernando;
que si no lo fuera, estando
él ausente no pisara
  de esta casa los umbrales.

Juan (Aparte.)   (¿Satisfacciones le da?
Yo he reconocido ya
el principio de mis males.)

Sebastián (Aparte.)   (Disimular me conviene.)
Preguntéle por saber,
señora, lo que he de hacer
de la obligación que tiene
  al señor don Juan mi amigo
Fernando; y así, pensad
que es una vuestra amistad
con él, don Juan, y conmigo.

Juan (Aparte.)   (Bien disimula.)

Ana (Aparte.)	(Prudente, cuerdo y cortés se mostró.)

Juan	Lo mismo os ofrezco yo.
	(¡Ah celos! la boca miente;
	  que no es ésta la ocasión
	que declararos podéis;
	pero a solas le diréis
	lo que siente el corazón.)
	  A doña Ana, don Rodrigo,
	os quedad acompañando
	mientras viene don Fernando,
	puesto que sois tan su amigo.

(Vase.)	
Ana (Aparte.)	(Ya le entiendo. De celoso da señales.) No os quedéis, don Rodrigo; no le deis causa de estar sospechoso.
Sebastián	Satisfacción a don Juan queréis dar?
Ana	Y vos, ¿por qué de eso queréis que os la dé?
Sebastián	¿Que haya quien, siendo galán, tenga licencia, en ausencia de vuestro hermano, de veros?
Ana	¿Tenéisla vos de ofenderos reñirme esa licencia?

Sebastián	¿No la tiene el que os adora?
Ana	¿Vos me adoráis?
Sebastián	Pues mis ojos,
	¿no os han dicho mis enojos.
Ana	No entendí tal; mas agora
	que claramente a decirme
	vuestro amor llegáis, Rodrigo,
	que tenéis licencia, digo,
	de ofenderos y reñirme.

(Vase.)

Sebastián	Y yo digo, pues pagás
	con tal favor mi afición,
	que no me deis la ocasión,
	pues la licencia me dais.
Motín	Y yo que, pues ha tenido
	tan dichoso fin tu pena,
	le doy a Inés la cadena,
	y me tomo yo el vestido

Fin de la primera jornada

Jornada segunda

(Salen don Sebastián y don Diego.)

Sebastián

      Esto habéis de hacer, señor
don Diego, por mí, supuesto
que os esté bien; que yo en esto
no soy más que intercesor
   con vos, consejero no,
pues esfuerza que sepáis
lo que perdéis o ganáis
en ello mejor que yo;
   que soy tan recién llegado.
Si bien por las ocasiones
que os he dicho, en las acciones
de don Fernando me ha dado
   su valor y calidad
información tan entera,
que en su emulación dijera
lo que digo, en su amistad.

Diego

      ¿Que tantas obligaciones,
don Sebastián, le tenéis?

Sebastián

   Las que colegir podéis
de quien en dos ocasiones
   la vida, señor, me ha dado.
Demás que lograr confío,
siendo vos tercero mío,
con su hermana mi cuidado
   que si a Lucrecia le dais,
con tal que me dé la mano
de la que adoro, su hermano
se tendrá, pues le obligáis

dándole el bien que desea,
por venturoso, y a mí
me calificáis así,
pues queriendo que yo sea
de vuestro yerno cuñado,
puesto que importa ocultarle
quién soy, puede asegurarle
vuestro abono ese cuidado.

Diego   Yo estimo, como es razón
a don Fernando, y le diera,
puesto que él no los tuviera,
méritos la intercesión;
mas determinarme quiero,
supuesto que es portugués,
y vuestro padre lo es,
informándome primero
de tan verdadero amigo;
y así, le hemos de esperar;
que con él se ha de tratar
este caso, no conmigo.

Sebastián   Si en él lo comprometéis,
la norabuena desde hoy
a don Fernando le doy

Diego   ¿Qué sabéis? No os empeñéis.

(Vase don Diego.)

Sebastián   ¡Oh padre! Las ansias mías
te den las ansias de amor.
Cifre el planeta mayor
en un instante los días

de tu prolija tardanza;
que donde es tal la ocasión,
da muerte la dilación,
si da vida la esperanza,

(Sale don Juan.)

Juan   Más fácilmente, señor
don Rodrigo, parecéis
a quien veros no quisiera
que a quien os procura ver.

Sebastián   No sé por qué lo decís.

Juan   Digolo porque, después
que para estorbarme en casa
de doña Ana os encontré,
no pude hallaros, de muchas
que os he buscado, una vez.

Sebastián   Ni aun ésta, pluguiera a Dios,
me hallárades si ha de ser
para decirme pesares;
que decir que os estorbé
cuando en casa de dona Ana
los dos nos hablamos, es
un lenguaje muy ajeno,
don Juan, del que usar debéis
por vos, por ella y por mí;
porque ni a doña Ana, a quien
mira con respeto el Sol,
os pudistes atrever,
ni ella permitir que a solas
con mas licencia la habléis

que en presencia de testigos,
ni vos, conforme a la ley
de noble, cuando eso fuera,
lo debéis dar a entender,
Ni a mí, que soy de su hermano
tan estrecho amigo, es bien,
cuando olvidéis lo demás,
que de ese modo me habléis.

Juan

Esas son caballerías
de Amadís y Florisel,
y se os luce, don Rodrigo,
lo recién llegado bien,
pues ignoráis que en la corte
la competencia es cortés,
permitido el galanteo
y usado el darlo a entender
y más donde la ocasión
por que os he buscado, fue
ésta sola; que me importa
saber de vos si tenéis
prendas de amistad no más,
o empeños de amor también,
con doña Ana Vasconcelos,
y si en vos he de tener
amigo o competidor.

Sebastián

Mal os ha informado quien
os dijo que los precetos
de noble y galán no sé,
y que cuando amante sea,
de mí lo habéis de saber;
fuera de que os engañáis
si pensáis que en mí no es,

	para estorbar vuestro amor,
	bastante ocasión tener
	amistad a don Fernando.
Juan	Con ese color queréis
	pasar por virtud conmigo
	lo que es delito con él.
	Y puesto que así lo entiendo,
	en resolución sabed
	que si vos, como Faetón,
	el pensamiento atrevéis
	al Sol que adoro, esta espada
	un rayo ardiente ha de ser,
	que en vuestras cenizas
	llueva escarmientos otra vez.

(Sale don Fernando.)

Fernando (Aparte.)   (¿Qué es esto?)

Sebastián   Al fin me tratáis
                    como a forastero, pues
                    desconocéis este acero;
(Empuñan.)   Mas presto veréis en él
                    vuestro engaño y mi valor.

Fernando   Don Juan de Lara, tened;
                    Don Rodrigo, basta.

Juan (Aparte.)   (¡Ah cielos!)

Fernando   ¿Qué es esto?

Sebastián   Pues os ponéis

de por medio, ya no es nada.

Fernando   Si acaso puedo saber
la causa de este disgusto,
a gran ventura tendré,
don Juan, llegar a ocasión
de evitarlo y componer
de los dos la diferencia.

Juan   Solo deciros podré
que a mí me sobra razón
y que la suerte cruel
no pudo hacerme pesar
agora mayor que haber
llegado vos a impedir
mi furia.

(Vase don Juan.)

Fernando   Don Juan, volved.
Fuego despiden sus ojos,
y el viento injurian sus pies.
No puedo yo, don Rodrigo,
saber qué es esto?

Sebastián   ¿No veis
que el silencio de don Juan
me le ha obligado a tener,
pues a vos mismo, Fernando,
no ha de pareceros bien
que yo remita a la lengua
lo que a las espadas él?

Fernando   Basta; doyme por vencido.

(Aparte.)	(Lucrecia sin duda es
	la ocasión, porque don Juan
	es su amante, y le escuché
	sentimientos de celoso.)
	Decidme, Rodrigo, pues ¿Qué
	hay de mi esperanza? ¿Hablastes
	a don Diego?
Sebastián	Ya le hablé;
	y aunque conoce y estima
	lo mucho que merecéis,
	responde que por agora
	no se puede resolver.
Fernando	¿Eso es estimarme?
Sebastián	Prendas
	de tanto valor ¿queréis
	que solo a vuestro deseo
	atentas, Fernando, estén?
	¿A vos solo habrá tirado
	orado arpón, desde aquel
	cielo de Lucrecia, Amor?
	¿Vos solamente seréis
	quien conquiste su hermosura
	y contraste su desdén,
	que a la primer diligencia
	os prometistes vencer?
	Yo he hecho lo que he podido,
	y lo que pudiere haré.
	Pues dilatar no es negar,
	paciencia, amigo, tened;
	que empresas tan importantes
	no se acaban de una vez.

(Vase don Sebastián.)

Fernando

Qué sospechas, qué recelos
son estos, suerte cruel,
con que a mi pecho abrasado
tan dura guerra movéis?
Con tantos y tan urgentes
indicios di que es infiel
a mi amistad don Rodrigo,
y que de Lucrecia es
amante; que con don Diego
tiene amistad le escuché,
y desde la Nueva España
viene dirigido a él.
Visitóle a excusas mías,
que claramente se ve
que lo excusó con cuidado;
que a no recatarse, pues
era tan recién venido
a Madrid, para saber
siquiera dónde vivía,
me preguntaron por él.
La ocasión de esta pendencia
con don Juan por celos fue,
claro está; que él le decía:
«En resolución sabed
que si vos, como Faetón,
el pensamiento atrevéis
al Sol que adoro, esta espada
un rayo ardiente ha de ser,
que en vuestras cenizas llueva
escarmientos otra vez.»
Pues si nació la cuestión

54

de celos, y don Juan es
de Lucrecia pretendiente,
Lucrecia la causa fue,
y de don Rodrigo está
celoso don Juan; que a ser
yo la causa, se mostrara
conmigo airado también,
y no dijera a Rodrigo,
riñendo ahora con él:
«Que si vos, como Faetón,
el pensamiento atrevéis
al Sol que adoro...» Demás
que don Rodrigo, ¿por qué
me ocultara la ocasión,
si mi pretensión lo es?
Luego de este y los demás
indicios, y responder
agora tímidamente
a mi intento, bien se ve
que es amante de Lucrecia
y es a mi amistad infiel.
Masm ¿cómo puede ser noble
quien es engañoso, quien
es ingrato a quien le ha dado
la vida una y otra vez?
¡Vive Dios! Si lo averiguo,
pues para hacerlo he de ser
Argos que imprima los ojos
en las huellas de sus pies,
que he de quitarle la vida
que le di, pues a perder
el beneficio condena
a los ingratos la ley.

(Vase. Salen Motín, doña Ana e Inés.)

Ana   ¿Dónde tu dueño quedó?

Motín   ¡Qué caminas diligente!
                       En una visita, enfrente
                       de la Trinidad, entró,
                         en una casa en que habita
                       un don Diego.

Ana (Aparte.)   (¡Oh, santos cielos!
                       Ya toca en el alma a celos,
                       de Lucrecia esta visita.)
                         Pues ¿qué tiene don Rodrigo
                       con don Diego?

Motín   Solo sé
                       que en su casa le dejé
                       porque pasando un amigo
                         por allí, me convidó
                       con lugar en la comedia,
                       donde dos horas y media
                       de pasatiempo me dio;
                         que por ser ducho en la corte,
                       y yo de los más bisoños,
                       fue en el golfo de los moños
                       del aparador mi norte.
                         «¿Veis —dijo—, aquélla que está
                       con el manto de anascote,
                       y anda por Madrid al trote,
                       ruina del tiempo ya?
                         Yo la conocí edificio,
                       y una moza a quien crió
                       y en su niñez la sirvió,

hoy la tiene en su servicio.
    La que ves que con el guante
vuelto, y los dedos en forma
de Luna bicorne, informa
de los riesgos de su amante
    —No puedo tener la risa—
una vez a verla entré
muy de mañana, y hallé
puesta la fénix camisa
    al fuego; y a imitación
de nuestra madre primera,
le daba una manta higuera
y paraíso un colchón.»
    En esto salió a cantar
la música de Vallejo,
y luego, cada trebejo
encajado en su lugar,
    la comedia se empezó,
y al punto los mosqueteros
dieron en decir: «¡Sombreros!».
y como se descubrió
    todo infante por igual,
quedó junto y sosegado.
Era un país empedrado
de cabezas el corral.
    La comedia felizmente
aplaudida, al puerto llega;
que era de Lope de Vega,
y el baile de Benavente.
    Y dado fin a la historia,
salió la gente, y salí;
vine, y conté lo que vi.
Aquí gracia, y después gloria.

Ana	Ha sido la relación
	como de tu ingenio agudo.
(Aparte.)	(Pero divertir no pudo
	las penas del corazón.)
	Vete y a tu dueño di,
	Motín, que al punto me vea.
Motín	Mandarle lo que desea
	no es preceto, piedad sí.
	¿No me hablas, Inés? ¿Te ha dado
	la cadena autoridad,
	presunción y gravedad?
Inés	Aunque el oro es tan pesado,
	que hacerme grave pudiera,
	nunca lo seré contigo;
	que solo por don Rodrigo,
	cuando por ti no lo hiciera,
	te estimara.
Motín	Bien entiendes
	la musa, bien lo rodeas.
	¡A mi señor lisonjeas!
	¿Otra cadena pretendes?
(Vase Motín.)	
Ana	¿Inés?
Inés	¿Señora?
Ana	Yo estoy...
	No sé cómo estoy.

Inés	¿De qué?
Ana	Ayer a amar empecé, y a tener sospechas hoy. ¡Oh, pensiones del amor!
Inés	Pues ¿qué recelas, señora?
Ana	¿No viste que dijo agora Motín que entró su señor esta tarde a visitar a don Diego?
Inés	Sí.
Ana	¿No es padre de Lucrecia?
Inés	Pues por eso, ¿has de sospechar que la adora y te desprecia, siendo tan recién venido que apenas habrá tenido tiempo de ver a Lucrecia?
Ana	Tiempo ha tenido y lugar. ¿No te acuerdas tú que cuando don Rodrigo y don Fernando llegaron a este lugar, Lucrecia estaba conmigo, y al partirse la miraron, y su buen aire alabaron don Fernando y don Rodrigo?

Inés	Es verdad.
Ana	¿No salió luego don Rodrigo, Inés, de aquí para su posada?
Inés	Sí.
Ana	Pues si acaso el Amor ciego hizo allí, pues cada día canta mayores hazañas, saetas de las pestañas que entre el manto descubría Lucrecia, y el movimiento airoso que la ausentó, con los ojos le llevó a Rodrigo el pensamiento, ¿no pudo seguir sus huellas, pues ella le estamparía, si con amor la seguía, a las pisadas estrellas?
Inés	Ancho es el campo, señora de lo posible; mas dudo, puesto que seguirla pudo, que lo hiciese quien te adora desde el punto que te vio.
Ana	Eso me obliga a pensar que es muy fácil de mudar quien tan fácilmente amó. Pero mi hermano ha llegado.

(Sale don Fernando.)

Fernando (Aparte.) (Medio no he de perdonar
con que pueda averiguar
mi ofensa; que aunque me ha dado
    tanta ocasión don Rodrigo,
nadie se ha de resolver
por indicios a creer
falsedades de un amigo.)

Ana   ¿Es tiempo de verte, hermano?

Fernando   Admírate de que vivo,
y no de que tardo en verte,
según son los males míos.
Déjanos solos, Inés.

Inés (Aparte.)   (¿Qué es esto? ¿Si habrá sabido
los amores don Fernando
de su hermana y don Rodrigo?)

(Vase.)

Ana   Ya estamos solos, ya espero
que tu lengua, hermano mío,
dé luz a mis confusiones,
y a tus pesares alivio.

Fernando (Aparte.)   (Color daré diferente
a mi intento vengativo,
porque me diga verdades,
sin recelarme peligros.)
Yo tengo, querida hermana,
casi evidentes indicios
que en los ojos de Lucrecia,

61

en que yo dos rayos miro
airados, mira benignas
dos estrellas don Rodrigo.

Ana (Aparte.)   (¡Ay de mí! No mintió el alma.)

Fernando   Y si, como yo imagino,
en demanda tan dichosa
partió de los mares indios
a los puertos españoles,
con don Diego convenido,
y estimado de Lucrecia;
aunque su ventura envidio,
reconozco su razón,
y haré mal si solicito
conquistar una enemiga
y contrastar un amigo
que por alcanzar su mano
discurrió tantos caminos,
tantos trabajos sufrió,
y venció tantos peligros;
y así, para resolverme,
doña Ana, a mudar designios
y buscar en otros ojos
fuego que enjugue los míos,
falta solo reducir
a evidencia los indicios;
y tu ingenio y discreción,
hermana, han de ser el hilo
que saque a luz mi cuidado
de este ciego laberinto.
Tú has de verte con Lucrecia,
y tú de sus labios mismos,
con industria al disimulo,

	y con cautela al descuido,
	has de saber si son sombras
	o verdades las que he visto.
Ana	De mí tus intentos fía,
	que me tocan como míos.
Fernando	Otra vez te advierto, hermana,
	que con tan sutil estilo
	te informes, que ni Lucrecia
	entienda ni don Rodrigo
	que tú inquieres cuidadosa,
	ni yo celoso averiguo.

(Vase don Fernando.)

Ana	¿Quién pensara que la nave
	Que por los azules vidrios
	de] mar, exhalado leño,
	cuando en los pardos bajíos
	rompe la ensebada quilla,
	halle en los escollos mismos,
	para vencerlos más fuerzas,
	y más alas para huirlos?
	Dudando si me igualaba
	en calidad don Rodrigo,
	el golfo de amor corría
	mi esperanza; y cuando miro
	agravios en que padece
	naufragio el intento mío,
	en ellos mismos ha hallado
	de Amor nuevos incentivos,
	nuevas alas mi deseo,
	más fuerza mis desvaríos,

más resolución mis dudas,
y mi afición más motivos.
Porque si, como sospecha
don Fernando y yo colijo,
don Diego, que es tan prudente,
tan principal y tan rico,
ha estimado por esposo
de su hija a don Rodrigo,
y le llama, cuando tantos
caballeros conocidos
en España la desean,
desde los remotos indios
para hacerle más dichoso,
por conocerle más digno;
y ella lo prefiere a tantos
más galanes que Narciso,
más que Paris principales
y más que Píramo finos,
que la obligan a cuidados
y la acusan a suspiros;
claro está que la merece,
claro está. Pues si conmigo
pudieron tanto sus partes,
cuando por no haber sabido
su calidad me debiera
reprimir, que el amor mío
volaba ligero, como
tal vez el neblí castizo,
sin que estorben las pihuelas
de los pies a los cuchillos
de las alas, hasta el Sol
remonta el vuelo si ha visto
en la corona del viento
el pájaro fugitivo;

¿qué será cuando esta duda
no enfrena mis desvaríos?
¿Qué será cuando conozco
lo que pierdo, cuando envidio
lo que mi enemiga alcanza,
cuando agraviada me incito,
declarada me avergüenzo,
engañada desconfío,
enamorada me abraso,
y celosa desatino?

(Sale don Sebastián.) ....

....

....

....

....

....

....

....

Sebastián   A obedecerte, señora,
vengo turbado.

Ana   ¿De qué?

Sebastián   Como sabes de mi fe
la verdad con que te adora,
haberle mandado agora
a quien su cuidado emplea
solo en verte, que te vea,
me ha causado confusión;
que a nadie sin ocasión
le mandan lo que desea.

Ana   (¡Ah, falso! Ocultar intento,

para averiguar mi agravio,
en la lisonja del labio
del corazón el tormento.)
Rodrigo, mi mandamiento
fue de mi amor diligencia,
que no pudo mi paciencia
fiarla de tu cuidado.
Dime, dime, ¿en qué has gastado
tan largas horas de ausencia?

Sebastián   De mi posada salí
a las dos; que tú, que diste
luz á mis ojos, me viste.

Ana   No pregunto lo que vi.

Sebastián   Lo demás escucha.

Ana   Di.
(Aparte.)   (Si se recata conmigo,
y me oculta don Rodrigo
que a don Diego visitó,
es cierto que me ofendió.)

Sebastián   Fui a visitar un amigo.

Ana   ¿Dónde vive?

Sebastián   Vive enfrente
de la Trinidad.

Ana   (¡Ah, cielos!
Ya el incendio de mis celos
mitiga la furia ardiente,

pues confiesa fácilmente.)
¿Cómo es su nombre?

Sebastián   Don Diego
de Mendoza.

Ana   (Más sosiego
voy cobrando.) ¿Y a qué hora
le dejaste?

Sebastián   Eran, señora,
las cuatro.

Ana   (Ya crece el fuego.)
    Estando ausente de mí,
¿dos horas con él gastaste?
Mucho te importó.

Sebastián   Eso baste
para disculpa. Salí
de su casa...

Ana   Ten ahí;
no salgas tan presto, no;
que no es bien que pase yo
tan apriesa del lugar
donde a quien adoro, estar
tan de espacio le importó.
(Aparte.)   (Suspenso y descolorido
ha quedado. Ya, ¿qué espero?
Recelo fue verdadero
el que mi hermano ha tenido,
de que llamado ha venido
a ser de Lucrecia esposo.)

Responde.

Sebastián   Impulso piadoso
                        me trajo de mi destino,
                        que en tus ojos me previno
                        estado tan venturoso.

Ana   Claro está que has de dorar
                        con lisonjas mis agravios;
                        que mentir saben los labios,
                        si el pecho sabe engañar;
                        mas si me quieres dejar
                        satisfecha, haz una cosa.

Sebastián   Ninguna hay dificultosa.

Ana (Aparte.)   (Probarle quiero.) ¿Has de ser
                        mi esposo?

Sebastián   ¿Puedo tener
                        suerte yo mas venturosa?

Ana   Pues dame la mano.

Sebastián (Aparte.)   (¡Ah, cielos!
                        Pues don Diego: «¿qué sabéis?
                        —me dijo—; o os empeñéis»,
                        con misteriosos recelos;
                        y doña Ana Vasconcelos
                        se resuelve a ser mi esposa
                        tan fácil y presurosa
                        sin saber quién soy; Amor,
                        mirad que puede el honor
                        hallar la espina en la rosa.)

68

Ana	¿Qué dudas? ¿Qué te suspendes?
	Mira, traidor, si has mentido,
	pues no admites ofrecido
	lo que dices que pretendes.
Sebastián	Porque tu valor ofendes,
	confuso, doña Ana, estoy,
	y crédito no le doy
	a tu arrojada fineza,
	pues me ofreces tu belleza
	antes de saber quien soy.
Ana	Cuando te ofrezco la mano,
	¿culpas, falso don Rodrigo,
	la fineza en que te obligo
	de arrojamiento liviano?
Sebastián	Yo, mi bien, debo a tu hermano
	la vida, y no he de agraviar
	su amistad; que aunque en amar
	y servir, sin que lo entienda
	don Fernando, no le ofenda,
	le ofendiera en alcanzar.
Ana	Basta. Probar he querido
	tus intentos; que no fuera
	yo tan fácil, que te diera,
	sin haberte conocido,
	la mano. Ya, fementido,
	de tu sangre y lealtad
	he visto aquí la verdad;
	porque ni puede quien siente
	de amor, mentir, ni quien miente

puede tener calidad.

Sebastián   Oye.

Ana   Vete; que de hoy más,
primero que los oídos
a tus halagos fingidos
aplique, del Sol verás
volver la carrera atrás.

(Vase.)

Sebastián   Solo siento de tu engaño
tu enojo, que no mi daño;
porque mi fe me asegura
que lo que el engaño jura
quebrantará el desengaño.

(Vase. Salen don Antonio y don Diego.)

Diego   En este corto aposento,
que sale a esa galería,
tendréis, mientras pasa el día,
recatado alojamiento.

Antonio   Vos sois mi amigo, y trazar
tan bien como yo sabréis,
pues mi iniento conocéis
lo que me puede importar.

Diego   Fiarlo podéis de mí,
don Antonio. Mas ya espero
a don Sebastián, y quiero,
porque pueda entrar aquí

a verse con vos a solas
sin dar sospechas, salir
a aguardarte.

Antonio (Aparte.)   (Pues vivir
he podido entre las olas
    del cuidado y el tormento
tened valor, corazón,
para que en esta ocasión
no os dé la muerte el contento
    de ver tras tanta tormenta
el puerto de mi esperanza,
el plazo de mi venganza
y el término de mi afrenta.)

(Sale don Sebastián.)

Diego   Veisle aquí.

Sebastián   Gracias a Dios
que tal bien llego a alcanzar.

Diego   Yo os guardo la puerta. Hablar
podéis seguros los dos.

(Vase don Diego.)

Sebastián   Padre y señor, esa mano
me dad a besar.

Antonio   Teneos;
(Abrázale.)   que si bien a mis deseos
los brazos resisto en vano,
    forzoso afecto de amor,

pero ni habéis de besarme
la mano, ni habéis de darme
nombre de padre y señor
   antes que me hayáis oído
el fin con que os he llamado;
porque en sabiendo mi estado
no os halléis arrepentido.

Sebastián   Decid, señor, y pensad
que las amenazas son
tan grandes, que el corazón
no teme el golpe.

Antonio   Escuchad.
   En la ciudad populosa
que del lusitano reino
es corona, cuyos pies
besa el caudaloso Tejo,
segó la enemiga parca,
como os escribí, los cuellos,
en su juventud florida,
a uno y otro hermano vuestro.
Ellos por siempre perdidos,
vos de cobraros tan lejos,
quedé como no sabré,
Sebastián, encarecerlo;
Mas —iay de mí!— que el dolor
de este daño fue pequeño
si lo comparo al que hallé
donde buscaba el remedio;
que en traeros a mis ojos
libraba todo el consuelo
de mi senectud caduca;
y prevenido y atento

a daros feliz estado,
codicioso y satisfecho
de la hacienda y hermosura,
calidad y entendimiento,
honestidad y opinión
de doña Ana Vasconcelos,
una portuguesa dama,
milagro de nuestros tiempos;
quise teneros con ella
concertado casamiento,
temeroso de perder
la ocasión de tal empleo,
si hasta veros en España,
dilataba el proponerlo.
Y así, Sebastián, un día,
el más triste y más funesto
que dio a mis prolijos años
la carrera de los cielos,
a don Fernando, que solo
era hermano y era dueño
de doña Ana, le propuse,
por mi desdicha, mi intento.
Ecuchóme con desdén,
respondióme con desprecio,
irritóme presumido,
y resolvióme, soberbio,
a replicarle de modo
que fue entre los dos creciendo
de las pesadas razones
de lance en lance el empeño,
hasta que... Mas pronunciarlo,
no podré; que el sentimiento
pone a la garganta un nudo
porque no salga del pecho

la voz a decir mi agravio;
Y el corazón, con recelo
de que la vida no os baste
a resistir tanto fuego,
en lágrimas anticipada
el reparo del incendio.

Sebastián Acabad ya, ejecutad
de una vez el golpe fiero;
que dar a pausas la muerte
es más tirano tormento.

Antonio En presencia de testigos,
que a las voces ocurrieron,
en la nieve de estas canas
imprimió los cinco dedos...

Sebastián ¡Válgame Dios!

Antonio Que dio espuelas
sin duda a su atrevimiento
mi ancianidad, que pensé
que le sirviera de freno.
No pude vengarme allí;
que demás de que no tengo,
fuerza, aunque tenga valor,
para esgrimir el acero,
quedé, con el mismo agravio,
tan atónito y suspenso
y tan sin mí, como queda
aquél a quien dio primero
el golpe del rayo asombros,
que avisos la voz del trueno.
Entonces pues fue forzoso,

si desdichado remedio,
que se olvidase mi afrenta
con mi ausencia y con el tiempo,
salgo oculto de Lisboa,
y mudado el nombre, vengo
a Madrid, que en su grandeza
y su confusión espero
no divertir mis pesares,
pero vivir más secreto;
y movido de que estaba
en esta corte don Diego
de Mendoza, de quien solo
pude fiar mis intentos,
porque mi afrenta sabía,
y por ser tan verdadero
amigo, que a mi enemigo
mil veces hubiera muerto
si fuera, como vengarme,
desagraviarme el hacerlo.
Dos años estuve oculto,
con esperanza de veros,
en una posada humilde
cuando mi destino, atento
a renovar mis pesares,
como si mi agravio mesmo
no contase de los días
los instantes a recuerdos,
trajo a Madrid, a mis ojos,
a mi ofensor. ¡Ved qué efeto,
de su presencia esperaba,
si de su memoria muero!
Por esto, y por ocultarme
más y tenerle más lejos,
me fui a un lugar que en Asturias

rinde tributo a don Diego.
Éstos son, don Sebastián,
mis casos; mirad con esto
si con razón os impido
que señor y padre vuestro
me llaméis, y que en mi mano
pongáis los labios; que puesto
que yo honrado os engendré,
y deshonrado me veo,
hoy no soy el que era entonces;
y así, hasta volver a serlo,
ni podéis llamarme padre,
ni llamaros hijo puedo.
A vos en mí os afrentó
don Fernando Vasconcelos,
y así os toca el desagravio;
que vos érades yo mesmo,
por la representación
legítima del derecho,
pues érades hijo mío
cuando este agravio me hicieron;
y como cuando recibe
el rostro la afrenta, el duelo
no obliga a que el mismo rostro
mueva el vengativo acero,
sino el brazo, que es la parte
del hombre que puede hacerlo,
y la venganza del brazo
deja el rostro satisfecho;
así pues del hijo y padre
forma la ley un compuesto.
Cuando el padre está incapaz
de vengarse, es de este cuerpo
el rostro, y el brazo el hijo

que puede satisfacerlo.
Con esto adiós, y a mis ojos
no volváis; que ni he de veros,
ni vos a mí, hasta que hayáis
cobrado el honor, supuesto
que mientras no le cobréis,
con vergüenza nos veremos
el uno al otro: yo a vos,
don Sebastián, por haberos
deshonrado; y vos a mí,
por no haberme satisfecho.

(Vase don Antonio.)

Sebastián   ¡Que el mismo que me quitó
el honor es a quien debo
después dos veces la vida,
y es mi amigo el más estrecho,
y es hermano del hermoso
centro de mis pensamientos,
de quien me obligan favores
y me aprisionan deseos,
y me alientan esperanzas
de ser su esposo! ¿Son éstos
delirios de la Fortuna,
que dispensa los efetos
sin atender a las causas,
o son del cielo misterios,
que a venganza tan forzosa
le previno impedimentos
tan forzosos, pues parece
que con atención ha hecho
que deba la vida a quien
la vida quitarla debo,

y que a verme haya traído,
y a adorar los ojos bellos,
y a merecer los favores
de su hermosa hermana, el mesmo
que arrogante y presumido
desdeñó mi parentesco,
y que la mano me ofrezca
la misma que a mi desprecio
y al agravio de mi padre
dio ocasión? ¡Válgame el cielo!
¡Qué encuentro de obligaciones
y qué confusión de encuentros!
No puedo cobrar mi honor
sin darle muerte, ni puedo
matarle sin ser ingrato.
¡Delito el más torpe y feo,
el más detestable y más
indigno de nobles pechos!
¡Ni sin perder a doña Ana,
y la vida si la pierdo!
¿Si porque me dio mi padre
una vez la vida, tengo
te vengar en don Fernando
el agravio que le ha hecho?
Don Fernando, ¿no es mi padre
dos veces, pues es lo mesmo
¿Librar de muerte que dar
la vida? Pues ¿cómo puedo
matarle? Y ¿cómo podré
—¡ay de mí!— dejar de hacerlo,
si para cobrar mi honor
no enseña el mundo otro medio,
y los que saben mi afrenta
han de pensar que le dejo

de matar de cobardía,
y no de agradecimiento?
¡Oh, sagrado cielo! Vos,
que por pasos tan inciertos
y tan ignoradas sendas
habéis engolfado el leño
de mi vida en este abismo
de encontrados pensamientos,
en tan tenebrosa y triste
noche, le enseñad el puerto,
pues combatido le veis
de tan contrarios afectos
que obligado me reporto.
Agraviado me enfurezco;
me reprimo enamorado;
afrentado, me avergüenzo;
honrado me precipito;
y agraviado me refreno.

Fin de la segunda jornada

Jornada tercera

(Salen doña Lucrecia y Juana.)

Lucrecia   ¿Dices que Inés te contó
que al punto que don Rodrigo,
aquel forastero amigo
de don Fernando, llegó,
    puso en doña Ana el cuidado,
y ella en él; y que está agora
celosa de que me adora,
por saber que ha visitado
    en mi casa?

Juana   Así lo dijo.

Lucrecia   Pues, ¿cómo en ofensa mía
don Juan de Lara porfía
en servirla? Yo colijo
    que sus favores alcanza,
porque no hay tan nuevo amor,
que aliente contra un rigor
declarado, la esperanza.

(Salen doña Ana e Inés, con mantos.)

Ana   Lucrecia amiga.

Lucrecia   Doña Ana,
¿qué es esto? ¡Sin avisar
tanto bien!

Ana   Quien viene a dar
norabuena, es cortesana

	costumbre que no prevenga.
Lucrecia	¡Norabuena a mí! ¿De qué?
Ana	De que te casas.
Lucrecia	No sé que tanta ventura tenga.
Ana	Es público en el lugar, ¿y me lo ocultas a mí?
Lucrecia	Las albricias, si de ti lo sé, vendrás a ganar.
Ana	¡Qué falsa, Lucrecia, estás!
Juana	Inés...
Lucrecia	¿Y á quien doy la mano, según dicen?
Ana (Aparte.)	A un indiano. (No quiero decirle más, por si miente la sospecha; que tal vez pone el Amor el aviso en el error, y en el aviso la flecha.)
Lucrecia	¿Y sabes cómo se llama, amiga, ese forastero?
Ana	Esto solo que refiero cuenta en la corte la fama.

82

Lucrecia (Aparte.)	(Ya la entiendo. Don Rodrigo
	es éste, y averiguar
	sus celos, sin declarar
	su nombre, quiere conmigo;
	   y pues me los cansa a mí
	con don Juan, y la Ocasión
	a mi ofendida afición
	ofrece el cabello aquí,
	   de uno y otro he de vengarme:
	de ella, porque no cumplió
	la palabra que me dio,
	pues prosigue en agraviarme
	   don Juan; y de él, porque ha sido
	tan ingrato; y por ventura
	si el juzgarme tan segura
	le guarda el sueño a su olvido,
	   despertará su afición,
	recelando mi mudanza
	que hay nieve en la confianza
	y hay fuego en la emulación.)

Ana	Lucrecia, ¿de qué has quedado suspensa?
Lucrecia	Estoylo de ver que hayas llegado a saber, doña Ana, lo que ha tratado mi padre con gran secreto.
Inés (Aparte.)	(Bueno es esto.)
Ana	¿Luego es cierta la fama?

Lucrecia	Sí.
Ana (Aparte.)	(Yo soy muerta.)
Lucrecia	(¡Qué mal encubren su efeto
	los celos! Perdió el color.)
	Y pues ya se dice, quiero
	que sepas que el forastero
	que solicita mi amor
	y que tiene de mi mano
	esperanza, es don Rodrigo
	de Ribera, aquel amigo
	de don Fernando, tu hermano,
	que a Madrid con él llegó
	y a tu casa el mismo día
	que en ella la pena mía
	contigo aliviaba yo.
Inés (Aparte.)	(¡Hay tal maldad!)
Ana	No me des
(Aparte.)	más señas. (Rabiando estoy.
	fuego en vez de aliento doy,
	y en mis pensamientos es
	cada cuidado una furia,
	una muerte cada intento,
	un rayo cada tormento,
	y un infierno cada injuria.)
Lucrecia (Aparte.)	(De mi intención conseguida
	me informa, triste y turbada;
	que me publica vengada,
	pues se confiesa ofendida.)

Ana	Y dime, ¿qué estado tiene
	en tu pecho su deseo?

Lucrecia	Piénsalo tú, cuando veo
	la dicha que me previene,
	pues demás de ser quien es,
	es su tercero y su amigo
	mi padre, y en don Rodrigo
	tan bizarras partes ves.
(Aparte.)	(Sus celos y mi alabanza
	más fuerza a su amor darán,
	para que yo con don Juan
	asegure mi esperanza.)

Ana	Pues, ¿tan presto has olvidado
	A don Juan?

Lucrecia	¿Qué puedo hacer,
	si no cesa de ofender
	con su olvido mi cuidado?
	Si don Juan no prosiguiera
	en servirte y agraviarme
	fuera delito mudarme,
	y es cierto que no admitiera
	otro aventajado empleo;
	que el empeño conocido
	de haberle favorecido
	prefiere a cualquier deseo.
	Pero sé...

Ana	¡Viven los cielos,
	que te engañas si sospechas
	que son mis favores flechas

de su amor y de tus celos!
Que yo soy noble, y te di
palabra de no ofenderte;
pero si el satisfacerte
y asegurarte de mí,
y conseguir el deseo
de tu amor, consiste, amiga
Lucrecia, en que no prosiga
don Juan en mi galanteo,
la palabra y fe te doy
de disponerlo de suerte
que no le espante la muerte
más que mis ojos; que soy
Tu amiga y de tu pesar
me lastimo, y siendo así,
no es bien que pierdas por mí
lo que no quiero ganar.

Lucrecia   (Mal encubre su intención
pues tan presto por la puerta
que vio su esperanza abierta
entró a gozar la ocasión.)
Ni dudo de lo que harás,
ni dudo de lo que has hecho,
porque de tu hidalgo pecho
me prometo mucho más.
Y si don Juan, obligado
de ti, a mi amor ofendido
satisface arrepentido
lo que le agravió mudado,
la vida, gusto y honor,
amiga, te deberé;
porque todo lo empeñé
cuando empeñé mi favor.

Ana	¡Ojalá que la ventura
	tenga yo como el deseo!
	Y adiós.
Lucrecia	Él te dé el empleo
	como te dio la hermosura.
Juana	Adiós, Inés.
Inés	Él te guarde.

(Vanse doña Lucrecia y Juana.)

Ana	¿Cómo basta el sufrimiento
	a resistir el violento
	fuego que en mis venas arde?
	¿Has visto, Inés? ¿Has oído
	mi desdicha?
Inés	Sí señora.
Ana	¿Y defenderás ahora
	Que no es falso y fementido
	don Rodrigo?
Inés	De admirada
	Estoy muda.
Ana	Si después
	de mil indicios, Inés,
	se mudó de la posada
	tan vecina, que su amor
	no solamente gozaba

la luz, mas le regalaba
de mis ojos el calor,
 ¿no dio a entender claramente
en esto la ofensa mía?
Quien huye la luz del día,
¿No es cierto que es delincuente?
 Si tras esto se ha ocultado,
y ni me ve ni le veo,
¿no muestra que su deseo
divierte nuevo cuidado?

Inés
 Nunca de su amor creyera
tan gran falsedad.

Ana
       Yo sí;
que soy desdichada. Di
que lleguen el coche.

Inés
         Espera,
señora; que por la calle
viene tu amante engañoso.

Ana
Claro está que era forzoso
donde me ofende encontralle.
 Tápate, Inés.

Inés
       Pues ¿qué quieres?

(Tápanse.)

Ana
Que no nos conozca.

Inés
        Harás
en eso bien, pues estás

desengañada.

(Salen don Sebastián y Motín.)

Motín   Mujeres
                    hay aquí, y son por lo menos
                    de buena ropa; que dan
                    tal olor que es el zaguán
                    la tienda le los morenos.

Sebastián   ¿Mandáis algo en esta casa,
                    en que yo pueda serviros?
                    Bien podéis, sin descubriros,
                    hablar.

Ana (Aparte.)   (El pecho se abrasa
                    de verle hablar como dueño
                    de la casa.)

Sebastián   Pues calláis,
                    ni con gusto me escucháis,
                    ni con ventura me empeño.
                      Ven, Motín.

Ana (Aparte.)   (¿Que mis agravios
                    tengo de ver a mis ojos,
                    y negar a mis enojos
                    el alivio de los labios?
                      No es posible.)

Motín   A tu visita
                    sube tú; que yo entretanto
                    me prometo que algún manto
                    de los que ves me permita,

más fácil que a ti, sus rayos;
que me dicen, pues están
tan despacio en un zaguán,
que son presa de lacayos.

Sebastián   Calla, grosero.

(Quiere irse y detiénele doña Ana.)

Ana   Aguardad,
engañoso, fementido.

Sebastián   ¿Qué es esto?

Ana   Haber convencido,
traidor, vuestra falsedad.

Sebastián   ¡Señora!

Ana   ¡Viven los cielos,
que habéis de ver en mi furia
que injuria al Sol quien injuria
a doña Ana Vasconcelos!
      Salid.

Sebastián   Ya salgo. Tomad
el coche.

Ana   No he de tornalle
si primero de la calle
no salís.

Sebastián   Sí haré, y fiad
de mi amor que si aplacara

con eso vuestra querella,
antes que las guijas de ella,
sierpes de Libia pisara.

(Apártanse Motín y don Sebastián.)

Motín   Harto sierpe es cada una.
                          Señor, ¿qué es esto? ¿De qué
                          está celosa?

Sebastián   No sé.
(Aparte.)   (Trazas son de la Fortuna,
                          que me persigue de suerte,
                          que me va, prenda querida,
                          en obligarte la vida,
                          y el honor en ofenderte.)

(Vase.)

Motín (Aparte.)   (Temblando estaba de vella,
                          y sospecho que la vio
                          y que esta copla escribió
                          el valenciano por ella:
                          «Pues los celos, Vasconcelos,
                          son furia de Barrabás,
                          y barrabasada vas,
                          sin duda que vas con celos.»)

(Vase.)

Inés   Mil veces vuelve los ojos
                          a mirarte.

Ana   ¡Oh, loco Amor!

¿Que la lisonja menor
aplaque tantos enojos?

Inés   ¿Esto llegas a estimar
              cuando tus ofensas ves?

Ana   ¿De eso te espantas, Inés?
              ¿No suele al niño enojar
                 quien la joya le quitó,
              y en dándole una manzana,
              contento de lo que gana,
              olvida lo que perdió?
                 Pues así, como es mi amor
              niño también, aunque han sido
              los agravios que ha sentido
              de tanto peso y valor,
                 viendo que ha vuelto y mirado
              Rodrigo, y que para echalle
              de esta casa y de esta calle
              solo mi gusto ha bastado,
                 estimando lo que gana
              en esta inútil vitoria,
              ha olvidado mi memoria
              la joya por la manzana.

(Vanse las dos. Salen don Sebastián y Motín.)

Motín   Ya el coche del Sol camina
              por la eclíptica empedrada
              de la calle celebrada
              de Atocha, y ya por la esquina
                 de San Sebastián la noche
              amenaza en el ocaso;
              pero ya te sale al paso

	don Fernando, y para el coche.
Sebastián	Acompañar a su hermana querrá.
Motín	No; que ella ha salido al estribo, y al oído se están hablando.
Sebastián (Aparte.)	(¡Ay, doña Ana mi prenda mas adorada! ¡Ay Fernando, mi mayor amigo! ¿Cuál, cuál rigor revolvió de estrella airada de honor, amor y amistad un huracán tan incierto, que ni acierto con el puerto, ni muero en la tempestad?)
Motín	Ya se retira del coche don Fernando, y él camina; ya dio la vuelta a la esquina que es de tus ojos la noche.
Sebastián	¡Y qué tenebrosa, triste y confusa! Vamos.
Motín	Luego ¿no vas a ver a don Diego?
Sebastián	¿Cómo puedo ya, si oíste que a doña Ana doy pesar?
Motín	Tente; que te ha columbrado

su hermano, y apresurado
el paso, te viene a hablar.

Sebastián (Aparte.)   (Pésame, porque en llegando
a hablarle, mi sentimiento
en vano ocultar intento.)

(Sale don Fernando.)

Fernando   Don Rodrigo...

Sebastián   Don Fernando,
¿qué tenéis? Que me parece
que venís descolorido.

Fernando   Sí vendré, porque he tenido
un enfado.

Sebastián   Si se ofrece
en qué os sirva, mi amistad
conocéis.

Fernando   Venid conmigo;
que os he menester.

Sebastián   Ya os sigo.

Fernando   A ese criado mandad
que se quede.

Sebastián   Aquí te queda,
Motín.

(Vanse los dos caballeros.)

Motín	Si haré; que soy cuerdo
	y de don Beltrán me acuerdo
	en habiendo polvareda;
	y perderme no querría,
	que lleva el color turbado
	el portugués, y un criado
	que se arriesga, ¿en qué se fía,
	si es fuerza que salga mal
	de todo, pues en riñendo,
	para en la cárcel hiriendo,
	y herido en el hospital.
	Y en efeto, el servir yo
	es por ganar la comida
	para asegurar la vida,
	que para arriesgalla no.

(Vase. Salen don Sebastián y don Fernando.)

Sebastián	Don Fernando, ya del campo
	de Santa Isabel las tapias
	que del ábrego lluvioso
	le defienden las espaldas,
	nos ven ciegas y oyen sordas,
	y solas nos acompañan;
	y espero ya que rompáis
	al silencio las aldabas.
Fernando	Yo os he traído a mostraros
	cuerpo a cuerpo en la campaña
	que del modo que sé dar
	la vida con esta espada
	a quien me obliga, también
	sé quitarla a quien me agravia.

95

Sebastián	¿Qué decís? ¿Que el desafío es conmigo?
Fernando	Sí.
Sebastián	Mil gracias os doy; que habéis dado fin con eso a la mas extraña confusión, luz a la noche más tenebrosa y más larga que vio leño fluctuante en tenebrosa borrasca. Mas de vuestro sentimiento decid, Fernando, la causa; que, si no por vos, por mí es razón que os satisfaga de que jamás a quien soy he faltado.
Fernando	No llegara a lance que es el postrero sin tenerla averiguada vos, testigo de mis penas, vos, tercero de mis ansias. Con doña Lucrecia, en vez de adelantar mi esperanza, de vuestra fe y mi amistad habéis violado las aras pretendiendo ser su esposo.
Sebastián	¡Vive el cielo, que os engaña quien eso de mí os ha dicho!

Fernando	¡Pluguiera a Dios me engañara,
	y informaran de mi agravio
	indicios, y no probanzas!
	Pero porque no juzguéis
	mi resolución liviana,
	ni que doy a mis enojos
	ocasiones afectadas,
	escuchad. Yo vi que al cielo
	de la venturosa casa
	de Lucrecia, a excusas mías
	se atrevieron vuestras plantas.
	Yo vi en el acero puesta
	la mano a don Juan de Lara
	contra vos, y que los celos
	daban fuego a su venganza,
	y el del amor de Lucrecia
	es el que su pecho abrasa.
	Vi que me callastes, siendo
	tan vuestro migo, la dama;
	y cuando no es en su ofensa,
	nadie a su amigo la calla.
	Vi que estando tan unidos
	los techos como las almas
	de los dos, un mismo día
	sin decirme vos la causa
	y sin daros yo ocasión,
	en todo hicisteis mudanza,
	mesurado de semblante,
	y alejado de posada,
	tanto, que de vos apenas
	me ha dado nuevas la fama;
	y es conjetura evidente
	que el que se retira agravia,
	que delinque el que se esconde,

y teme el que se recata.
Pero doy que todas juntas
mientan estas circunstancias;
no mienten los mismos labios
de Lucrecia, que a mi hermana
hoy le ha dicho que a su empleo
aspira vuestra esperanza,
y que tiene ya su padre
vuestras bodas concertadas.
Mirad pues si puede haber
satisfacción que deshaga,
cuando neguéis los indicios,
tan evidente probanza;
y mirad si me he resuelto
con razón a que esta espada
de vuestra aleve amistad
y de vuestra vida ingrata,
dos veces libre por mí,
tome sangrienta venganza.

Sebastián   Ya es fuerza, para poder
satisfaceros, que salga
a los labios un secreto,
don Fernando, que encerraba
con candados de diamante
vuestra amistad en el alma.
Providencia de los cielos,
que cuando yo con pisadas
inciertas en un oscuro
laberinto vacilaba,
por tan ocultos caminos
han gobernado las causas,
que la claridad me enseñan
y de confusión me sacan,

haciendo que me obliguéis
vos mismo a lo que dejaba
de hacer por vos; que sin duda
por este medio me pagan
agradecidos de ver
que por serlo yo era tanta
mi amistad, que prefería
a mi propio honor sus aras.
Sabed que yo, aunque se ofende
cuando lo pronuncia el alma,
pues a la lengua debiera
anticiparse la espada,
soy don Sebastián de Sosa,
hijo de aquél cuyas canas
fueron tan cobardemente
de vuestra mano afrentadas.

Fernando   ¡Válgame Dios! ¿Qué decís?

Sebastián   Aguardad que os satisfaga;
que luego hablaremos de eso.
Yo vine llamado a España
de mi padre, sin saber
su intención, porque su carta
solo que el nombre me mude
y venga oculto me manda,
y que en llegando a Madrid,
haga solo confianza
de don Diego de Mendoza,
sabidor de su desgracia
y del lugar que le oculta.
Ésta fue de mi jornada
la ocasión. Llegué a Sevilla,
donde el nombre me disfraza

de don Rodrigo, y allí,
sin saber que de mi infamia
era autora vuestra mano,
os di lugar en el alma;
a que añadió nuevos lazos
la fineza duplicada
con que a mi vida evitastes
dos arpones de la Parca.
A Madrid llegamos juntos,
y juntos a vuestra casa,
donde apenas vi los ojos
hermosos de vuestra hermana,
cuando me sentí abrasado
de sus amorosas llamas;
que esto os digo porque es fuerza,
para que así os satisfaga
de que el acero empuñó
contra mí don Juan de Lara,
no por celos de Lucrecia,
por celos sí de doña Ana,
de quien es amante ciego;
y así como era la causa
del disgusto hermana vuestra,
lo fue también de callarla.
De visitar a don Diego
a excusas vuestras, es clara
satisfacción del negocio
que os he dicho la importancia.
En esto llegó a la corte
mi padre, y de su desgracia,
de vuestro exceso y mi afrenta
me informó. ¿Quién, quién pensara
que en el amigo mayor
cayera desdicha tanta?

¡Nunca, pluguiera a los cielos,
me ofreciera vuestra espalda
bajel, y remos los brazos,
cuando piadosas las aguas
del Betis, porque no viese
tanto mal, me sobornaban
para quitarme la vida
con monumento de plata!
Nunca, pluguiera a los cielos,
tan oportuna y bizarra
esgrimiera vuestra mano
en mi defensa la espada
cuando de cuatro enemigos
me acometieron las armas,
pues fuera el fin de mi vida
término de mi desgracia!
Ya de esto habréis entendido
la ocasión de la mudanza
que vistes en mi semblante
después, porque son ventanas
los ojos del corazón,
y por ellos se asomaban,
a pesar de] sufrimiento,
los sentimientos del alma.
Y esto me obligó también
a que de vos me alejara;
que ver un noble afrentado
el rostro de quien le agravia,
menos que para acabar
con la vida a la venganza
es modo de consentir
y aun de acrecentar su infamia.
Y como en mi corazón
estaba tan arraigada

de vuestra amistad la forma,
y del amor de doña Ana,
cuando mi agravio llegó
a introducir la contraria
de rigor y enemistad,
halló resistencia tanta,
que fue menester que el tiempo
dispusiese mi mudanza;
y así, en tanto que durase
entre las dos la batalla,
ni daros la muerte pude,
ni quise veros la cara.
Con esto ya los indicios
quedan desmentidos; falta
que le dé satisfacción
a la que llamáis probanza,
y con razón; que ni yo
me atrevo a decir que es falsa,
por el decoro que debo
a tan principales damas.
Mas un argumento oíd,
que solo pienso que basta
a dejaros satisfecho.
Vos decís, que a vuestra hermana
dijo la misma Lucrecia
que su padre concertaba
su casamiento conmigo.
Desmienta la sangre clara
de don Diego, que no yo,
a Lucrecia o a doña Ana;
que supuesto que es Mendoza,
y que no ignora mi infamia,
¿cómo llegáis a creer
que para yerno estimara

a quien es fuerza que tenga,
mientras vive quien le agravia,
afrenta en la dilación
y peligro en la venganza?

Fernando   No paséis más adelante,
don Sebastián; basta, basta;
que me siento, de haber puesto
duda en vuestra confianza,
tan corrido, que las mismas
satisfacciones me matan
mucho más que las sospechas
del agravio me mataban.

Sebastián   Pues si ya quedáis de mí
satisfecho, agora falta
que lo quede yo de vos.
Sacad, Fernando, la espada;
que demás de que la ley
del duelo obliga a sacarla
sin mirar satisfacciones,
en saliendo a la estacada,
habéis violado vos mismo,
con vuestras desconfianzas
y con haberme sacado
por ellas a la campaña,
de mi obligación las leyes
y de mi amistad las aras;
y así vos me habéis resuelto
a lo que por vos dudaba.

Fernando   Parece que os olvidáis
de la sangre lusitana
que mi corazón anima,

	cuando con tal confianza
	os prometéis la vitoria.
Sebastián	En la sangre no hay ventaja,
	pues es también portuguesa
	la que gobierna esta espada.

(Acuchíllanse y retira don Sebastián A don Fernando.)

Fernando (Dentro.)   Muerto soy.

Sebastián (Volviendo.)

Vos me sacastes,
don Fernando, a la campaña
la culpa busca la pena,
y el agravio la venganza.

(Vase. Salen Motín, doña Ana, e Inés.)

Motín   A la puerta de don Diego
hallé a don Juan, y doña Ana
en el coche, diles parte
también a don Juan de Lara,
a don Antonio y don Diego.

Ana   ¡Ay, Dios, el cielo me valga!
Traidor, ¿donde está mi hermano?

Motín   Escucha y sabrás la causa.
....
....
....
....

104

(Salen don Sebastián, don Antonio, doña Lucrecia, y don Diego.)

Ana   ¡Ah enemigo! muerta soy!

Sebastián   Sosiega el pecho, señora,
                       y escucha atenta, que agora
                       como el veneno, te doy
                           la triaca. Yo, doña Ana,
                       soy don Sebastián de Sosa;
                       don Antonio es padre mío.

Ana   ¡Esto más!

Motín (Aparte.)   (¡Buena tramoya
                       se descubre!)

Inés (Aparte.)   (¿Hay tal enredo?)

Juan   ¡Caso extraño!

Sebastián   Y pues no ignoras
                       de aquel atrevido exceso
                       de don Fernando la historia,
                       la causa habrás entendido
                       del disfraz que mi persona
                       con nombre ajeno ocultó.
                       Y tú sabes que me informa
                       sangre que de la opinión
                       ni aun escrúpulos perdona.
                       Tu mano causó mi agravio.
                       Tu mano ha de ser ahora
                       la satisfacción; que yo
                       tengo dispuestas las cosas
                       de suerte, que sin hacer

105

para nuestras paces otra
diligencia, su perdida
opinión mi padre cobra,
y yo quedo satisfecho,
alcanzando por esposa
la misma que con injuria
de los timbres que me adornan,
don Fernando me negó.
Y supuesto que no gozan
más lustre los Vasconcelos
en Portugal que los Sosas,
y que la elección podía
resolverte a lo que ahora
te necesita la suerte,
mira lo que más te importa.

Diego   Ésta ha sido la ocasión
de traer, doña Ana hermosa,
a Lucrecia a persuadirte
que fin venturoso pongas
con la nieve de tu mano
al fuego de esta discordia.

Lucrecia   Doña Ana, amiga, ¿qué aguardas?
La tardanza es peligrosa.
Don Sebastián te merece,
y yo sé que tú le adoras.

Sebastián   ¡Ah, doña Ana! ¿Persuasiones
son menester cuando logras
amor tan encarecido?

Juan (Aparte.)   (¡Que esto sufro, y que en la boca
hayan de morir las llamas

que me abrasan y me ahogan,
por estar aquí Lucrecia!)

(Aparte a doña Ana.)

Motín   Ablándale, Faraona.

Ana   No admiréis mi confusión,
                 si un caso que tanto importa,
                 congojada me suspende,
                 y suspensa me congoja;
                 mas pues tantas conveniencias
                 vienen a hacer tan forzosa
                 la resolución, la mano
                 os doy.

(Danse las manos.)

Sebastián   Y en ella la gloria
                 mayor que el amor alcanza.

Juan (Aparte.)   (Pues quien perdida la llora,
                 ¿cómo tendrá sufrimiento?)

Lucrecia   (Amor, la esperanza colma,
                 pues colmaste la venganza.)

Antonio   Dadme los brazos ahora,
                 hijo.

Ana   Y vos a mí la mano.

Sebastián   Teneos.

Antonio	Es ley forzosa que os reconozca por padre, pues sois fénix de mi honra. En mis cenizas heladas perdió su ser; pero ahora por vos se rejuvenece, se vivifica y mejora. Y perdona que celebro con lágrimas estas glorias; que también las da el contento, como la pena y congoja. Y más cuando tal consorte, que viva edades dichosas, colmó el punto a mis deseos, tan divina cuanto hermosa. No puedo hablar más palabra. Perdonad; que tantas honras temo que ataje la muerte, de mis dichas envidiosa. ....
Sebastián	Ya, doña Ana, sois mi esposa.
Ana	Y dichosa.
Sebastián	Pues decidme, si sentiréis más, señora, ver sin vida a vuestro hermano, que a vuestro esposo sin honra.
Ana	¿Qué vida en comparación del honor vuestro me importa? Pero, ¿por qué lo decís?

Sebastián	Porque esta mano que goza
	en la vuestra tal ventura,
	borró con esta vitoria
	la injuria de despreciarme
	don Fernando; mas con otra
	quitó a mi padre el honor,
	de que era su vida sola
	satisfacción, y ni vos
	quisiérades ser mi esposa,
	ni yo, que tanto os estimo,
	aspirara a tanta gloria
	sin honor, pues fuera haceros
	agravio en vez de lisonja;
	y así le he dado la muerte.

Ana   ¿Qué decís? ¡Ah, cielos!

Motín (Aparte.)   (Oyan
                        la píldora que faltaba.)

Sebastián   Señora,
                        la culpa busca la pena;
                        que cuando yo entre las ondas
                        de su amistad y mi agravio,
                        vuestro amor y mi deshonra,
                        ciega tempestad corría
                        de dudas y de congojas;
                        él, celoso por la causa
                        que sabéis, pues vuestra boca
                        del engaño le informó
                        que habéis conocido agora,
                        me sacó al campo, y su culpa
                        negoció su pena propia.

Ana	¡Ay de mí, que en vez de galas visto de luto mis bodas!
Sebastián	Vos, señor don Juan, pues veis que ocasiones tan forzosas me obligaron, disculpadme; y al claro Sol de Mendoza, de su honor desvaneced, siendo su esposo, las sombras.
Juan	Los casos han enseñado que reservaban la gloria de su mano a mi ventura, si don Diego de Mendoza me da licencia.
Diego	Lucrecia es en eso venturosa.
Lucrecia	Yo soy tuya.
Motín	Y demos fin a esta verdadera historia; que si con solo decirlo al poeta le perdonan las faltas, con esto espera la censura mas piadosa.
	Fin de la comedia

Libros a la carta

A la carta es un servicio especializado para empresas, librerías, bibliotecas, editoriales y centros de enseñanza; y permite confeccionar libros que, por su formato y concepción, sirven a los propósitos más específicos de estas instituciones.

Las empresas nos encargan ediciones personalizadas para marketing editorial o para regalos institucionales. Y los interesados solicitan, a título personal, ediciones antiguas, o no disponibles en el mercado; y las acompañan con notas y comentarios críticos.

Las ediciones tienen como apoyo un libro de estilo con todo tipo de referencias sobre los criterios de tratamiento tipográfico aplicados a nuestros libros que puede ser consultado en Linkgua-ediciones.com.

Linkgua edita por encargo diferentes versiones de una misma obra con distintos tratamientos ortotipográficos (actualizaciones de carácter divulgativo de un clásico, o versiones estrictamente fieles a la edición original de referencia).

Este servicio de ediciones a la carta le permitirá, si usted se dedica a la enseñanza, tener una forma de hacer pública su interpretación de un texto y, sobre una versión digitalizada «base», usted podrá introducir interpretaciones del texto fuente. Es un tópico que los profesores denuncien en clase los desmanes de una edición, o vayan comentando errores de interpretación de un texto y esta es una solución útil a esa necesidad del mundo académico.

Asimismo publicamos de manera sistemática, en un mismo catálogo, tesis doctorales y actas de congresos académicos, que son distribuidas a través de nuestra Web.

El servicio de «libros a la carta» funciona de dos formas.

1. Tenemos un fondo de libros digitalizados que usted puede personalizar en tiradas de al menos cinco ejemplares. Estas personalizaciones pueden ser de todo tipo: añadir notas de clase para uso de un grupo de estudiantes, introducir logos corporativos para uso con fines de marketing empresarial, etc. etc.

2. Buscamos libros descatalogados de otras editoriales y los reeditamos en tiradas cortas a petición de un cliente.

.

www.ingramcontent.com/pod-product-compliance
Lightning Source LLC
Chambersburg PA
CBHW030731150426
42813CB00051B/397